Inhaltsverzeichnis

| nachspuren, schreiben, malen | erkennen | hören | lesen |

Lola

Feld zum Markieren erledigter Aufgaben ☒

G g

★ ✎ 👁 G/g nachspuren; G/g schreiben; G/g im Satz einkreisen, Satz abschreiben .... 3 ☐

★ 👂 ✎ Wörter mit dem G/g-Laut einkreisen;
Stellung des G/g-Lautes abhören (Anlaut, Inlaut) .... 4 ☐

★ 👂 Silbenbögen einzeichnen, Vokale einkreisen und eintragen;
mit den passenden Silbenbögen verbinden .... 5 ☐

★ 📖 ✎ passende Wörter zuordnen und schreiben; Bildwörter verschriften;
Sätze abschreiben.. 6 ☐

★ 📖 ✎ passende Wörter ankreuzen; Sätze schreiben... 7 ☐

✹ 📖 ✎ passende Wörter ankreuzen; Wörter verwandeln und schreiben........................ 8 ☐

★ 📖 ✎ Bildwörter verschriften; Sätze zuordnen, Bilder vervollständigen .... 9 ☐

★ 📖 ✎ Text lesen, Einladung ergänzen .... 10 ☐

Au au

★ ✎ 👁 Au/au nachspuren; Au/au schreiben;
au im Satz einkreisen, Zungenbrecher sprechen .... 11 ☐

★ 👂 ✎ Wörter mit dem Au/au-Laut einkreisen (Anlaut, Inlaut, Auslaut); Wörter nach
der Stellung des Au/au-Lautes sortieren; eigene Wörter finden und sortieren .... 12 ☐

★ 👂 ✎ Silbenbögen mit Vokalen einzeichnen; Wörter nach der Silbenstruktur ordnen........ 13 ☐

★ 📖 ✎ passende Wörter zuordnen und schreiben; Bildwörter verschriften;
Sätze abschreiben.. 14 ☐

★ 📖 ✎ Ziffern zuordnen, Bild mit den passenden Farben anmalen; Wortgruppen schreiben.. 15 ☐

✹ 📖 ✎ passende Antworten aufschreiben .... 16 ☐

★ 👂 ✎ Reimwörter verbinden; Wörter verwandeln und schreiben .... 17 ☐

★ 📖 ✎ Text lesen, eine Lösung finden und aufschreiben....................................... 18 ☐

Sch sch

★ ✎ 👁 Sch/sch nachspuren; Sch/sch schreiben;
sch in den Sätzen einkreisen, Zungenbrecher sprechen.................................... 19 ☐

★ 👂 ✎ Wörter mit dem Sch/sch-Laut einkreisen (Anlaut, Inlaut, Auslaut); Wörter nach
der Stellung des Sch/sch-Lautes sortieren; eigene Wörter finden und sortieren........ 20 ☐

★ 👂 ✎ Silbenbögen mit Vokalen einzeichnen; Wörter nach der Anzahl der Silben ordnen.... 21 ☐

★ 📖 ✎ passende Wörter zuordnen und schreiben; Bildwörter verschriften;
Sätze abschreiben.. 22 ☐

✹ 📖 ✎ passende Sätze ankreuzen; Silben verbinden .... 23 ☐

★ 📖 ✎ Sätze passend ergänzen; eigene Wörter/Sätze zum Bild schreiben .... 24 ☐

★ 📖 ✎ passende Wörter ankreuzen; passende Sätze schreiben.............................. 25 ☐

★ 📖 ✎ Text lesen, Aufgaben lösen .... 26 ☐

ie

★ ✏️ 👁 ie nachspuren; ie schreiben; ie in den Sätzen einkreisen, Zungenbrecher sprechen... 27 ☐

★ 📖 ✏️ Wörter nach dem Artikel ordnen; Silben verbinden .... 28 ☐

★ 📖 ✏️ passende Wörter zuordnen und schreiben; Bildwörter verschriften;
Sätze abschreiben.. 29 ☐

★ 📖 ✏️ Briefe lesen, Fragen beantworten; selbst einen Brief schreiben........................... 30 ☐

Z z

★ ✏️ 👁 Z/z nachspuren; Z/z schreiben; Z/z im Satz einkreisen, Zungenbrecher sprechen..... 31 ☐

★ 👂 ✏️ Wörter mit dem Z/z-Laut einkreisen;
Stellung des Z/z-Lautes abhören (Anlaut, Inlaut, Auslaut) .... 32 ☐

★ 👂 Vokale eintragen;
Silbenbögen einzeichnen, mit den passenden Silbenbögen verbinden .... 33 ☐

★ 📖 ✏️ passende Sätze zuordnen; Sätze abschreiben .... 34 ☐

★ 📖 ✏️ Sätze passend ergänzen; eigene Wörter/Sätze zum Bild schreiben .... 35 ☐

★ 📖 ✏️ Wörter passend zuordnen, Mehrzahl bilden.. 36 ☐

✳️ 📖 ✏️ Ziffern zuordnen, Bild mit den passenden Farben anmalen;
Wortgruppen schreiben.. 37 ☐

★ 📖 ✏️ passende Wörter zuordnen und Bildwörter verschriften;
passende Satzteile verbinden, Sätze abschreiben.. 38 ☐

✳️ 📖 ✏️ Rätsel lösen .... 39 ☐

★ 📖 Witze lesen und vortragen .... 40 ☐

Eu eu

★ ✏️ 👁 Eu/eu nachspuren; Eu/eu schreiben;
Eu/eu im Satz einkreisen, Satz abschreiben .... 41 ☐

★ 👂 ✏️ Wörter mit dem Eu/eu-Laut einkreisen;
Wörter nach der Stellung des Eu/eu-Lautes sortieren (Anlaut, Inlaut, Auslaut);
eigene Wörter finden und sortieren .... 42 ☐

★ 👂 ✏️ Silbenbögen mit Vokalen einzeichnen;
Wörter nach der Anzahl der Silben ordnen.. 43 ☐

★ 📖 ✏️ passende Sätze zuordnen; Sätze abschreiben .... 44 ☐

★ 📖 ✏️ Wörter nach au, ei und eu sortieren; au, ei und eu passend einsetzen................. 45 ☐

★ 📖 ✏️ Bildwörter verschriften; Sätze zuordnen, Bilder vervollständigen .... 46 ☐

✳️ 📖 ✏️ Sätze passend ergänzen; Fragen zum Text beantworten .... 47 ☐

★ 📖 Text lesen; richtige Antwort ankreuzen; einen Notruf bei der Feuerwehr üben......... 48 ☐

Ch ch

★ ✏️ 👁 Ch/ch nachspuren; Ch/ch schreiben;
ch in den Sätzen einkreisen, Sätze abschreiben .... 49 ☐

★ 👂 Lautqualitäten des Ch/ch-Lautes unterscheiden; Reime verbinden....................... 50 ☐

★ 👂 Vokale eintragen;
Silbenbögen einzeichnen, mit den passenden Silbenbögen verbinden .... 51 ☐

★ 📖 ✏️ passende Sätze zuordnen; Sätze abschreiben .... 52 ☐

★ 📖 Sätze passend zur Bildergeschichte nummerieren... 53 ☐

★ 📖 ✏️ passende Verbform bilden; richtig oder falsch ankreuzen .... 54 ☐

✳️ 📖 ✏️ Steckbrief lesen; eigenen Steckbrief schreiben.. 55 ☐

★ 📖 ✏️ Liedtext lesen, Lied ggf. gemeinsam singen (s. Handreichung);
aufschreiben, aus welchen Ländern die Familien der Kinder kommen .... 56 ☐

G g

1 G

sagen Regen

Tag gut

Weg Gras

gelb g gehen

Garten Gabel

2 G

g

3 Lisa geht gerne in den Garten.

Lisa geht

G/g nachspuren; G/g schreiben;
G/g im Satz einkreisen, Satz abschreiben

3

G g

1

2

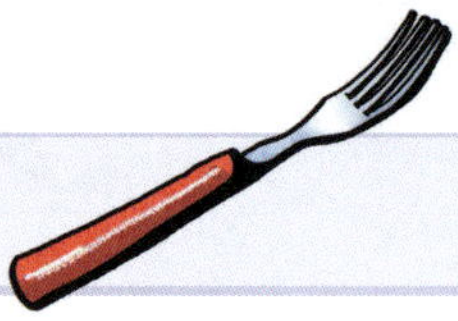

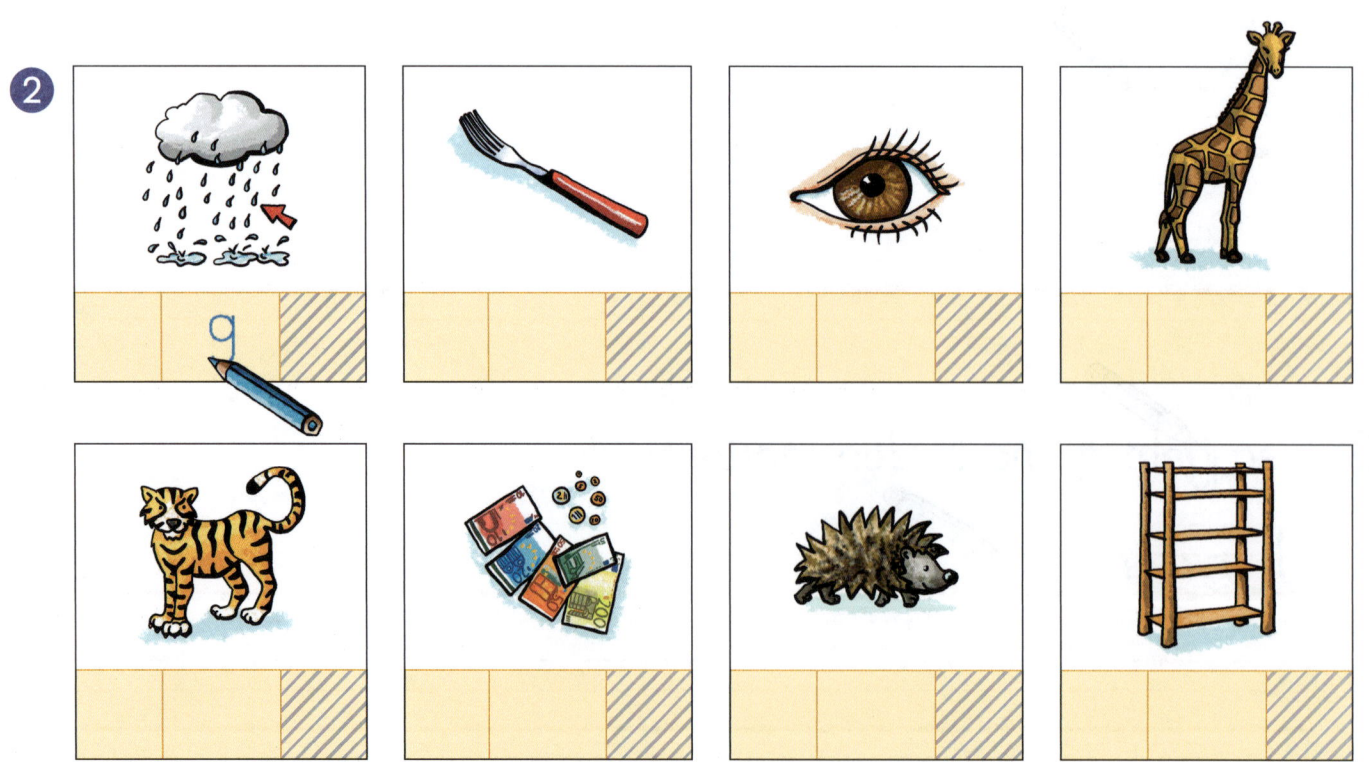

Wörter mit dem G/g-Laut einkreisen;
Stellung des G/g-Lautes abhören (Anlaut, Inlaut)

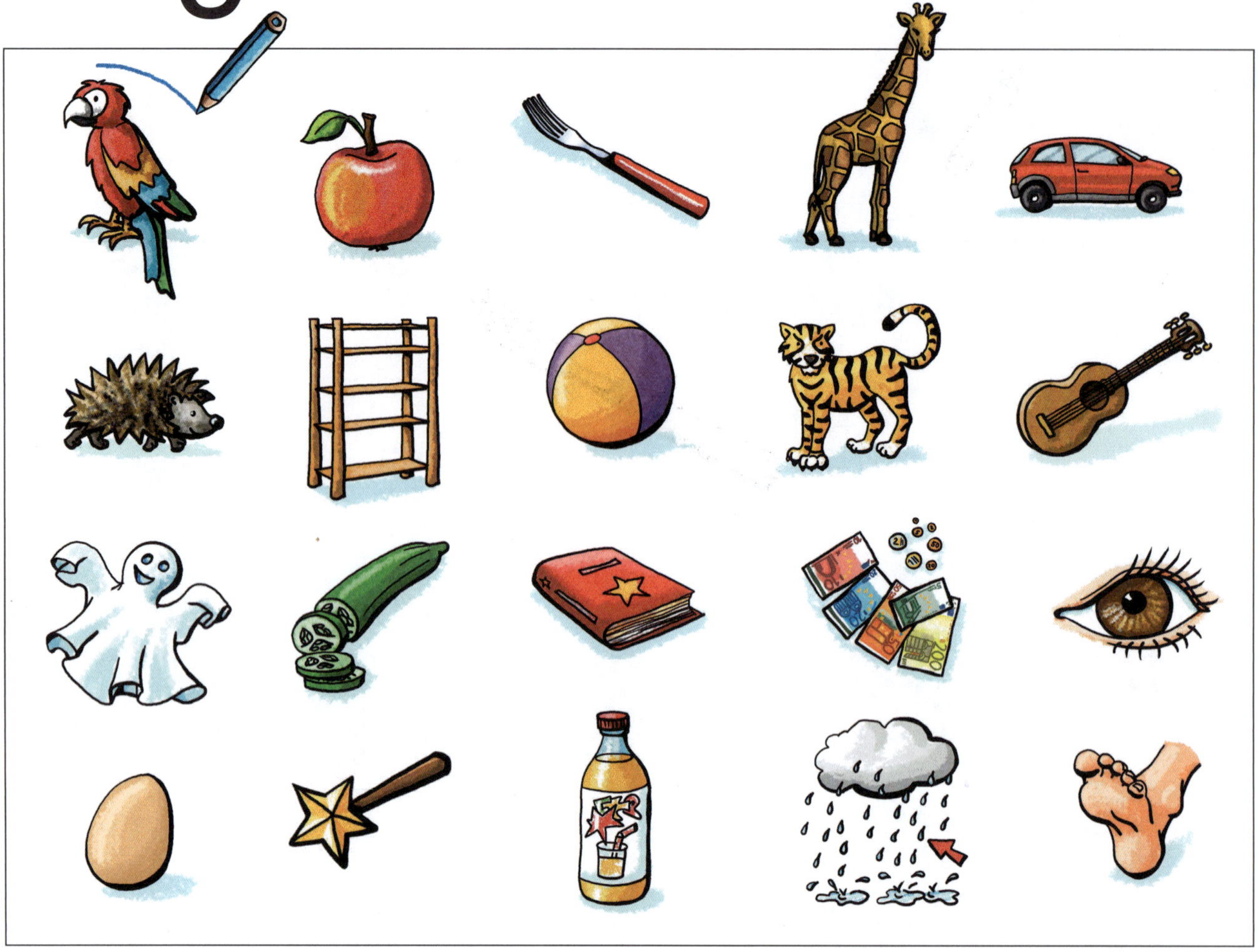

G g

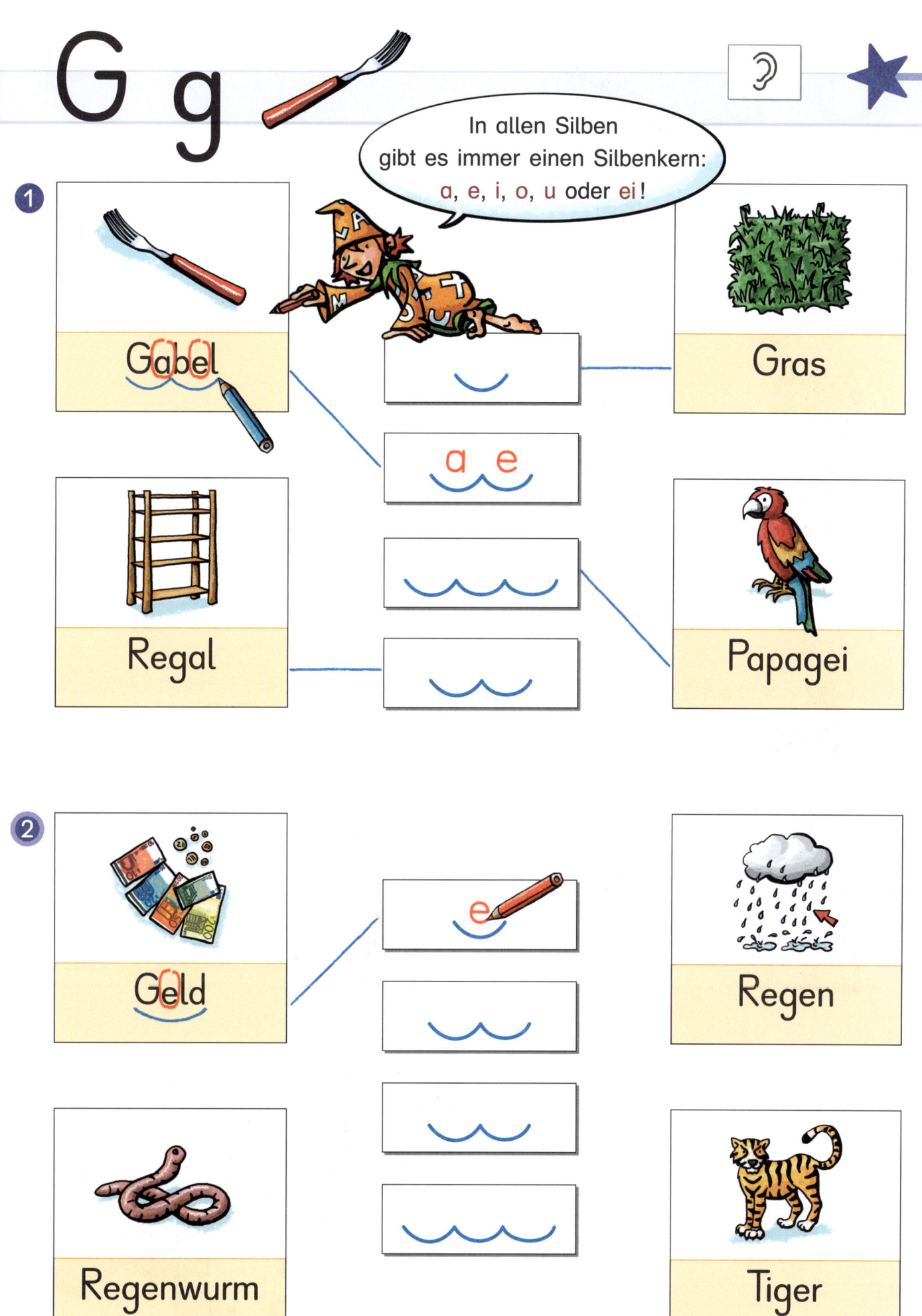

In allen Silben gibt es immer einen Silbenkern: a, e, i, o, u oder ei!

Gabel

Gras

a e

Regal

Papagei

Geld

Regen

Regenwurm

Tiger

Silbenbögen einzeichnen, Vokale einkreisen und eintragen;
mit den passenden Silbenbögen verbinden

G g

1 | Gras | Garten | ~~Gabel~~ | Regen | Geld |

Gabel Gabel

2  Geist

3
Ein Igel ist im Garten.
Es regnet.
Der Igel wird nass.

Es regnet.

passende Wörter zuordnen und schreiben; Bildwörter verschriften;
Sätze abschreiben

6

G g

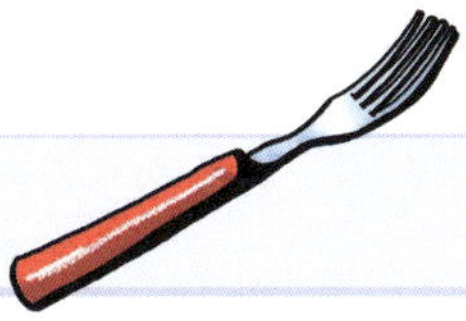

1 **Was gibt es im Garten?**

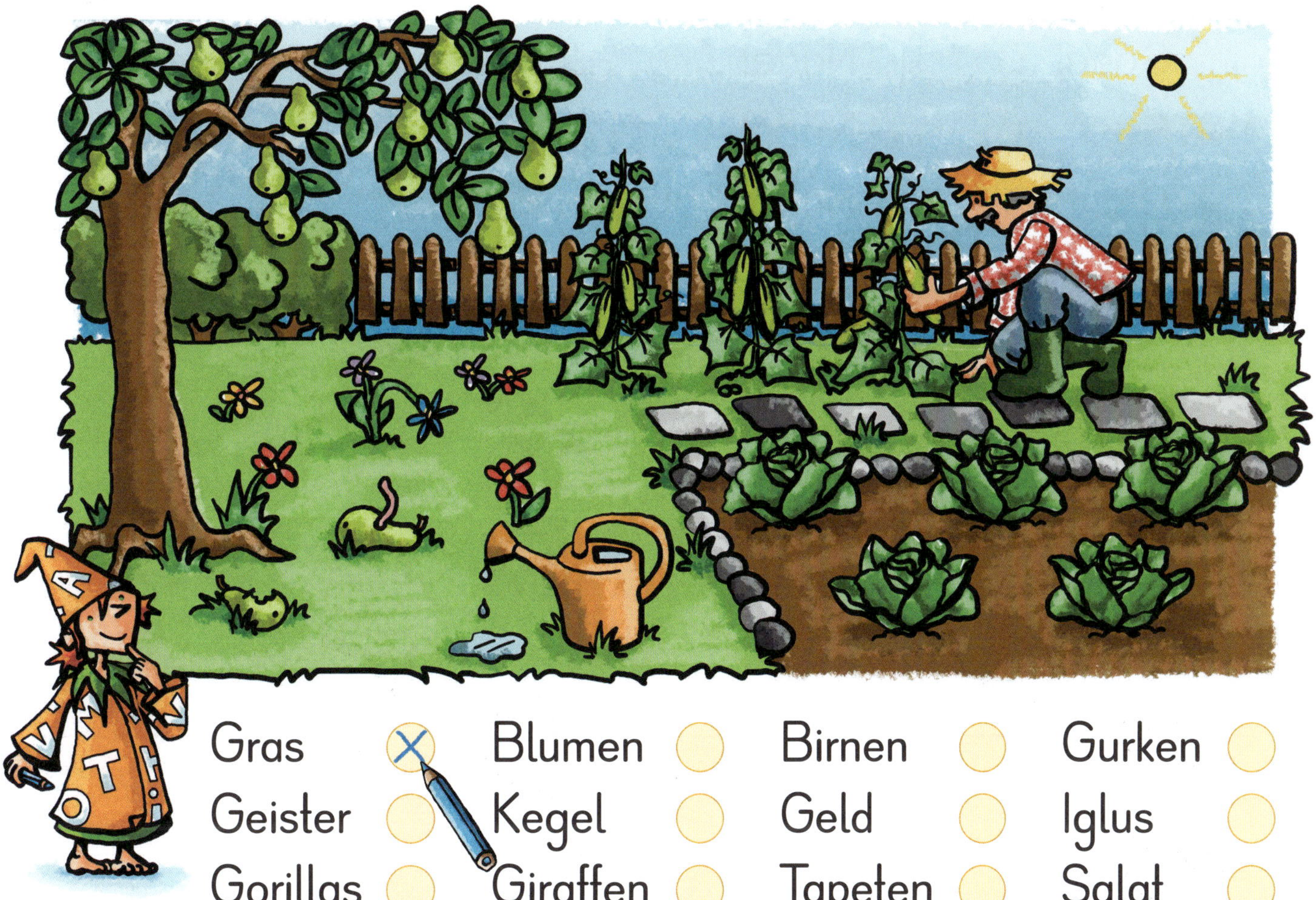

Gras ✗	Blumen ○	Birnen ○	Gurken ○
Geister ○	Kegel ○	Geld ○	Iglus ○
Gorillas ○	Giraffen ○	Tapeten ○	Salat ○

2 Im Garten gibt es Gras.

Im

G g

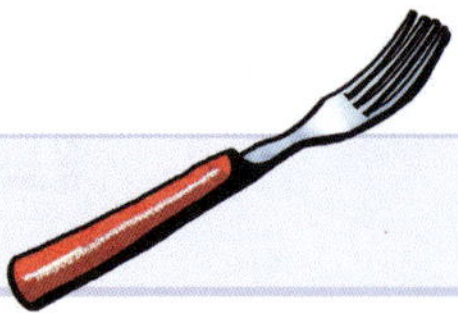

1

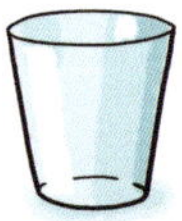

- eine Gabel ○
- ein Gast ○
- ein Glas ☒

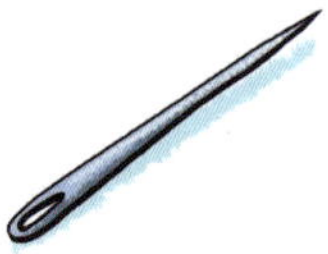

- eine Nadel ○
- eine Nudel ○
- ein Nagel ○

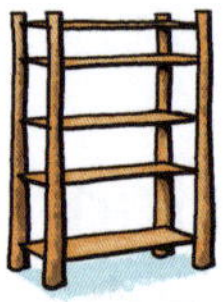

- eine Regel ○
- ein Regal ○
- ein Radio ○

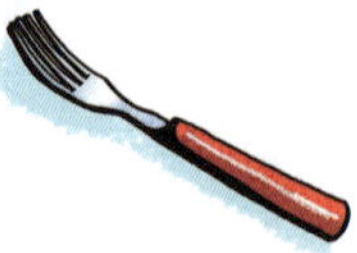

- ein Garten ○
- eine Gabel ○
- eine Gurke ○

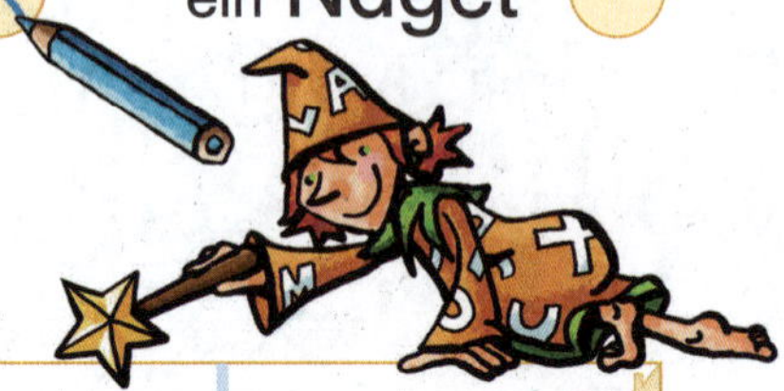

2

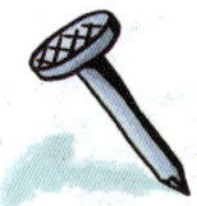 Nagel

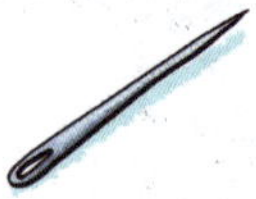 Nad

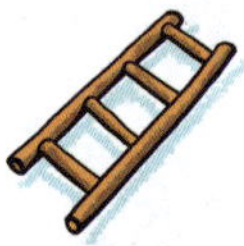 Leiter

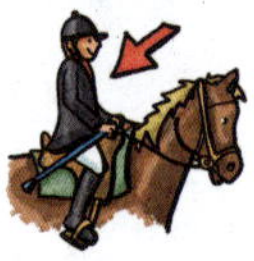

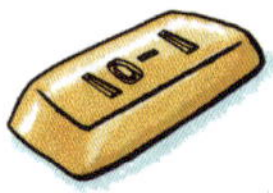 Gold

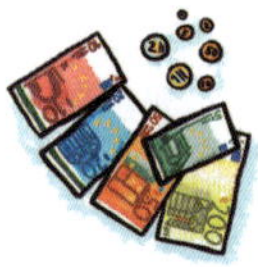

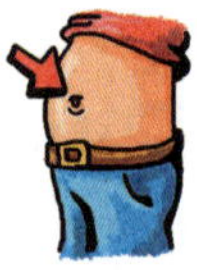 Nabel

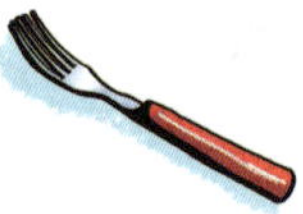

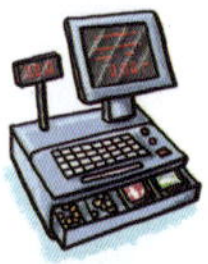 Kasse

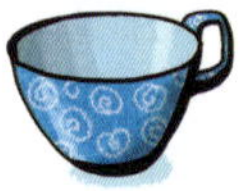

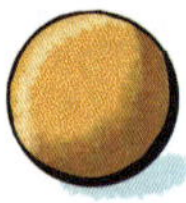 Kugel

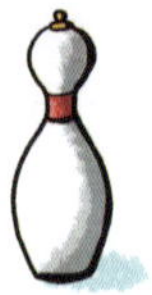

3

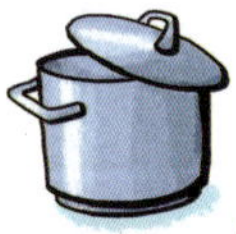

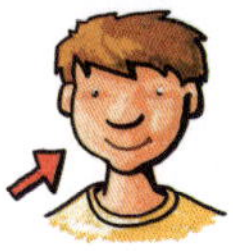

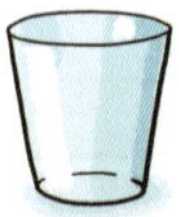

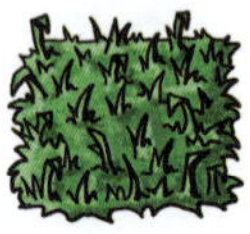

passende Wörter ankreuzen;
Wörter verwandeln und schreiben

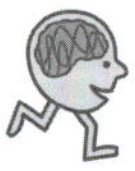

G g

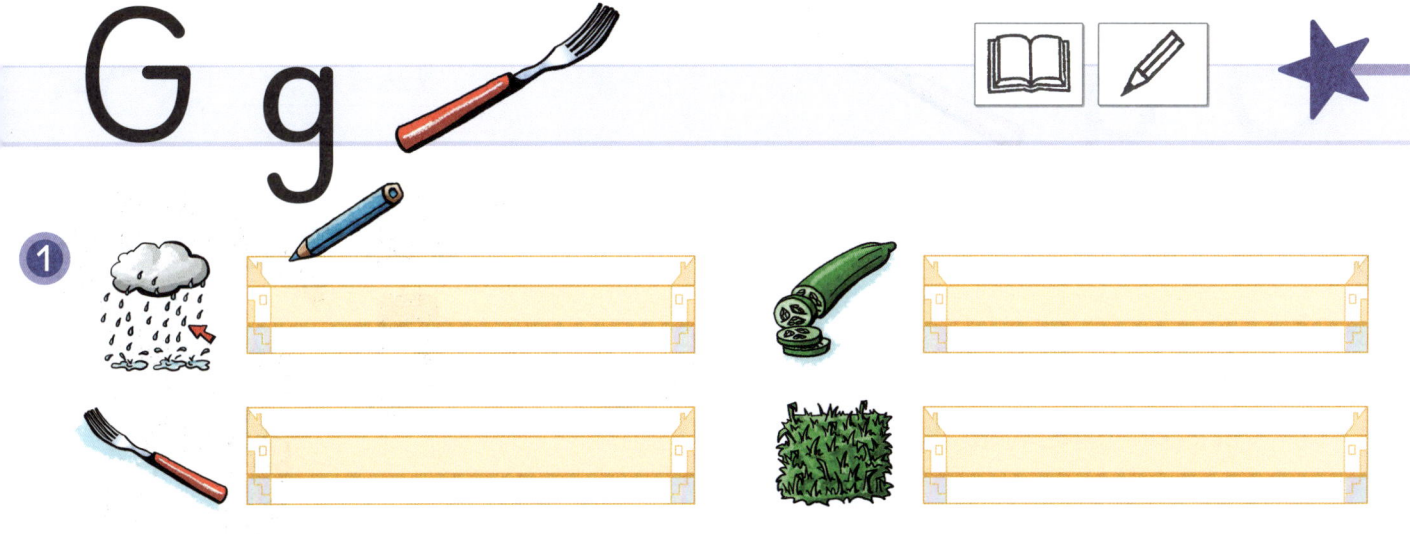

1

2 ☐1 Im Garten sind bunte Blumen.
Opa gibt ihnen Wasser.

☐2 Es regnet heftig.
Am Himmel ist ein Regenbogen.

☐3 Neben der Wassertonne ist ein Igel.

☐4 Opa erntet im Garten Gurken.
Er hat drei Gurken in den gelben Korb gelegt.

Bildwörter verschriften;
Sätze zuordnen, Bilder vervollständigen

9

G g

1 **Lisas Geburtstag**

Am Samstag hat Lisa Geburtstag.

Lisa wird 7 und will Kinder einladen.

Alle sollen mit ihr ab 15 Uhr im Garten feiern.

Papa will grillen und es soll Eis geben.

Mama hat Laternen und Girlanden besorgt.

2 Lisa bastelt eine besondere Karte:

Lesepate:

An Tom

Hallo Tom,

wir feiern meinen 7. G_____.

Bitte komme am _____

ab _____ Uhr.

Wir feiern in unserem _____.

Mein Papa will _____.

Es gibt _____.

Deine _____

Au au

1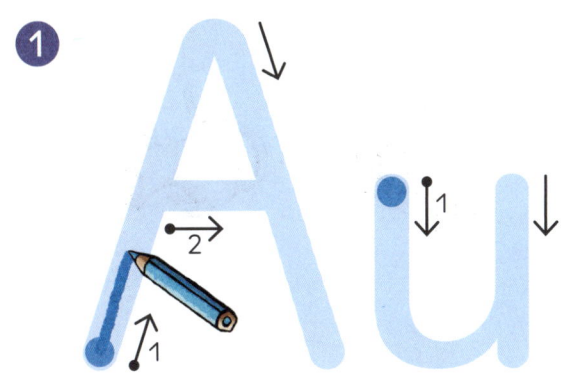

Frau   laut

laufen

auf

Aufgabe

Baum

Auge

aus

Auto   blau

Raupe

Haus

2 Au   Au

au   au

3 Blaukraut bleibt Blaukraut und
Brautkleid bleibt Brautkleid.

Blaukraut
bleibt Blaukraut
und …

Au/au nachspuren; Au/au schreiben;
au im Satz einkreisen, Zungenbrecher sprechen

Au au

1

2 | Frau | Auge | blau | bauen | August | laufen |

| Au | | | | au | | | | au |

Auge

3

Wörter mit dem Au/au-Laut einkreisen (Anlaut, Inlaut, Auslaut);
Wörter nach der Stellung des Au/au-Lautes sortieren; eigene Wörter finden und sortieren

Au au

 1

Daumen au e	laufen	Bauernhof
Frau	Gartenhaus	Maus
Aufgabe	blau	kaufen
Autobahn	Raupe	Baum

2

Au au

1 | blau | laufen | Raupe | ~~Auto~~ | braun |

Auto

2

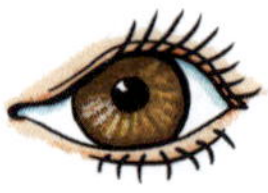

3

Meral hat braune Augen.
Paul hat blaue Augen.
Lauras Augen sind grau.

gelb	blau	braun	rot	grau
			Apfel	Elefant

passende Wörter zuordnen und schreiben; Bildwörter verschriften;
Sätze abschreiben

Au au

1

1	eine graue Burg	4	ein buntes Kleid
2	ein blauer Ball	5	eine braune Maus
3	eine gelbe Tasse	6	ein rotes Auto

2

ein blauer Ball

Au au

1

Wer oder was ist grau?

Der Elefant ist grau

Wer oder was ist blau?

Wer oder was ist braun?

> Ich sehe etwas.
> Es ist grau.

> Es ist grau.
> Ist es …?

passende Antworten aufschreiben

1

Raum	Frau	Taube	Bauer
Haus	Baum	Mauer	Kraut
Pfau	Maus	Haut	Laube

laufen	hauen	blau	fein
lauern	kaufen	klein	grau
bauen	mauern	alt	kalt

2

 raufen

 Laube

3

Maus

Laus

Au au

① **Das Baumhaus**

Lisa hat ein besonderes Haus.

Es ist auf einem Baum.

Es ist ein Baumhaus.

Man kommt nur

an einem Seil hinauf.

Aber das ist kein Problem,

denn Lisa kann sehr gut klettern.

Oft kommen andere Kinder.

Dann toben alle oder

bauen am Haus weiter.

② Eines Morgens kommen

Lisa und Tim in den Garten.

Das Seil ist weg!

Nun kommt keiner mehr hinauf.

Lisa ist traurig.

Aber Tim hat eine Idee.

Lesepate:

Er

Text lesen, eine Lösung finden und aufschreiben

Sch sch

1

Sch

Schule

Schaf

Schere

schlafen

schnell

Tisch

schon

waschen

sch

schreiben

frisch

2 Sch Sch

sch sch

3 Der Fischer fischt frische Fische.

Frische Fische fischt der Fischer.

Sch sch

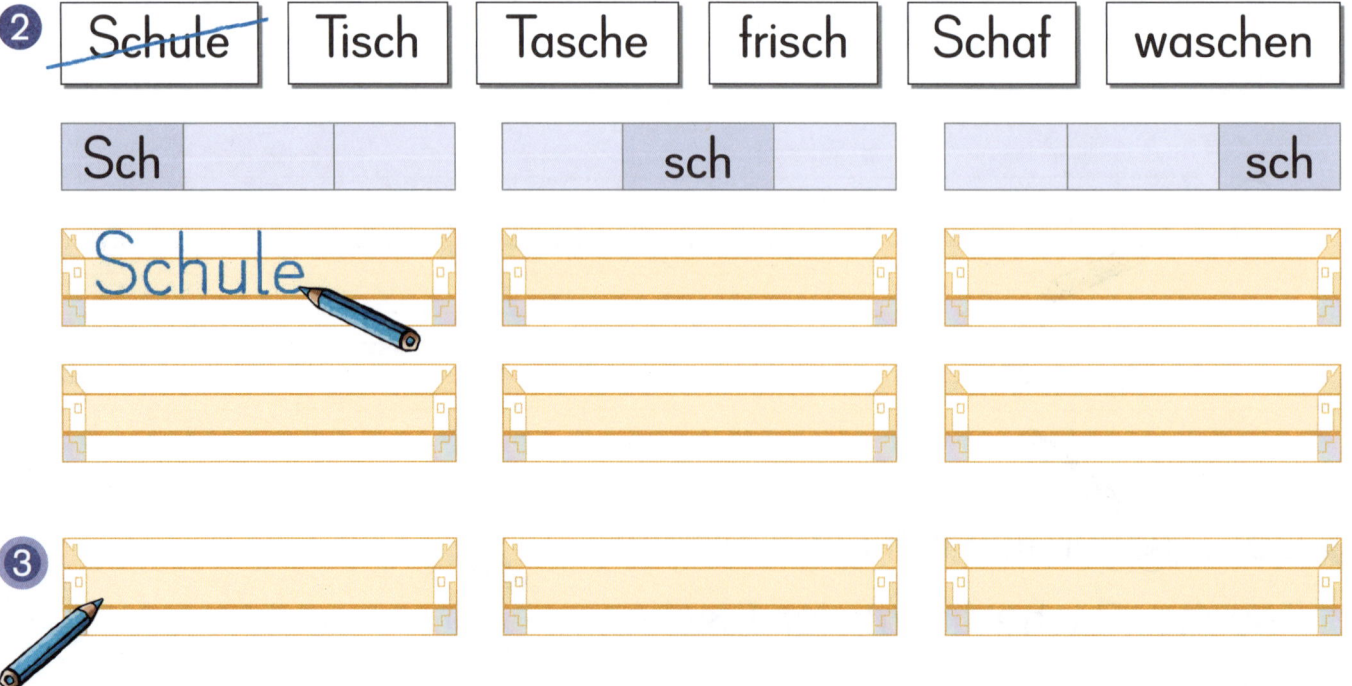

①

② | Schule | Tisch | Tasche | frisch | Schaf | waschen |

| Sch | | | | sch | | | | sch |

Schule

③

Wörter mit dem Sch/sch-Laut einkreisen (Anlaut, Inlaut, Auslaut);
Wörter nach der Stellung des Sch/sch-Lautes sortieren; eigene Wörter finden und sortieren

Sch sch

1

schlafen
a e

| Tisch | Regenschirm |

| Schule | Schere | Segelschiff |

| abwaschen | Fisch | schnell |

| Handtasche | Schaf | Tasche |

2

schlafen

Sch sch

1 | Schule | schlafen | schreiben | Schere | schwimmen |

Schule

2

3

Leon malt ein Schaf.
Er holt eine Schere.
Dann schneidet er es aus.

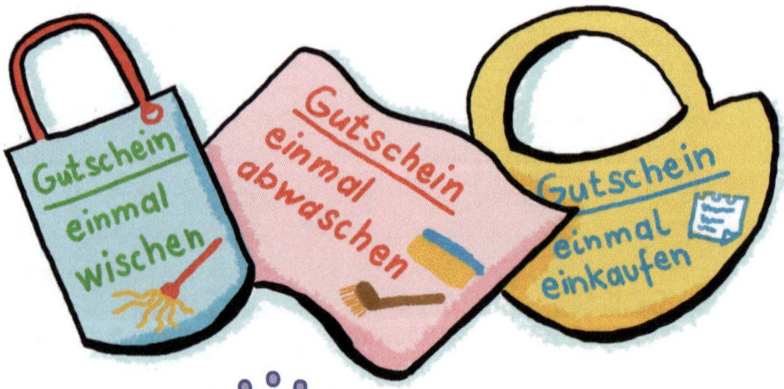

Gutschein einmal wischen

Gutschein einmal abwaschen

Gutschein einmal einkaufen

passende Wörter zuordnen und schreiben; Bildwörter verschriften;
Sätze abschreiben

Sch sch

1

Ein Kind schreibt Schokolade an eine Tafel. ◯

Ein Kind nascht eine Tafel Schokolade.

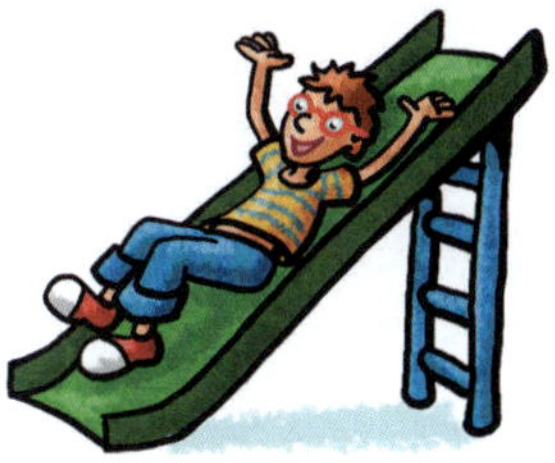

Tim rutscht schnell herunter. ◯

Tim rutscht schnell herauf. ◯

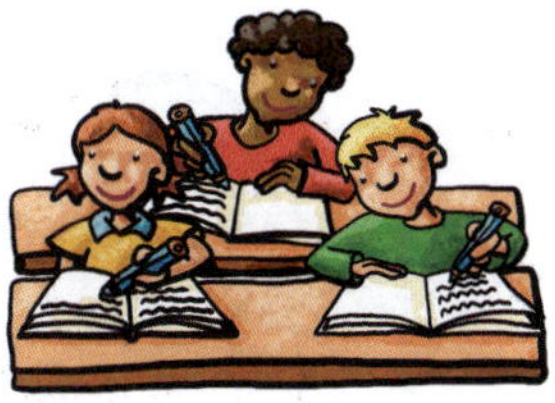

In der Schule schreiben alle Kinder. ◯

In der Schule schreien alle Kinder. ◯

2

schnei		
schau	en	schneien

wa		
rut		

schla		
ru		

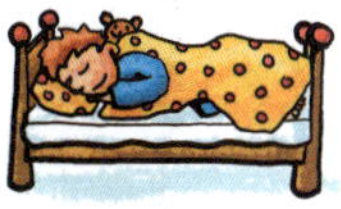

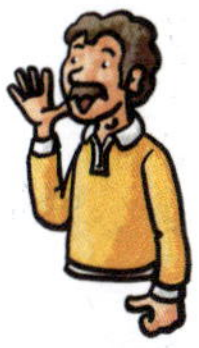

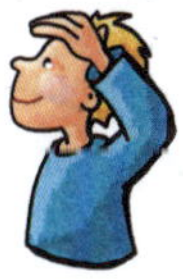

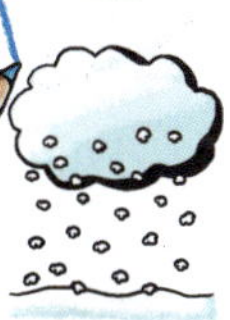

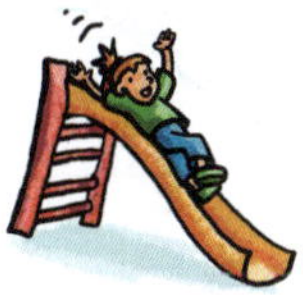

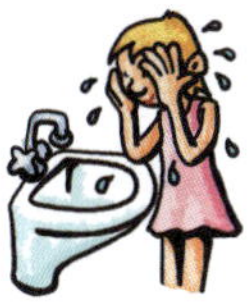

Sch sch

1 Im Sommer

Im Sommer ~~schneit~~ scheint oft die Sonne.

Dann schimpfen essen wir im Garten.

Wir grillen Fleisch und Fische Fotos und Tische .

Papa legt alle Schuhe Flaschen auf Eis.

Schreibe etwas zum Garten!

2

Sätze passend ergänzen;
eigene Wörter/Sätze zum Bild schreiben

Sch sch

1

ein **Schaf**	◯	ein **Frosch**	◯	ein **Hirsch**	◯
eine **Schale**	◯	eine **Flasche**	◯	ein **Tisch**	◯
ein **Schal**	✕	eine **Tasche**	◯	ein **Fisch**	◯

eine **Schere**	◯	ein **Schirm**	◯	ein **Schwan**	◯
eine **Schaufel**	◯	ein **Schild**	◯	ein **Schwamm**	◯
eine **Schule**	◯	ein **Schiff**	◯	ein **Schwein**	◯

2 Wer oder was kann schwimmen?

ein ~~Schwan~~   eine Schaufel   ein Fisch   ein Hund

ein Schlitten   ein Tisch   ein Wal

Ein Schwan kann schwimmen.

Ein

Sch sch

1 In der Schule

Die Kinder haben Freiarbeit.

Lisa hat eine Idee.

Tim soll eine Aufgabe bekommen.

Lisa malt eine Hand und einen Schuh.

Lisa fragt Tim: „Was ist das?"

„Oh, das ist aber schwer", sagt Tim.

„Gib mir bitte einen Tipp."

Lisa schreibt *Hand* und *Schuh* darunter.

Und schon hat Tim es erraten.

„Handschuh!", ruft er schnell.

„Warte, Lisa, nun bist du dran."

2 Tim malt Schnee und einen Mann.

Tim fragt Lisa: „Was ist das?"

Lisa schreibt und malt:

Lesepate:

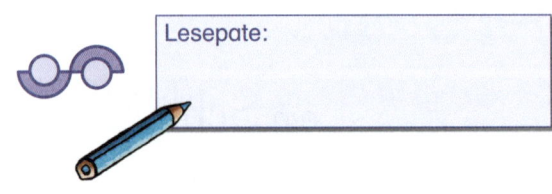

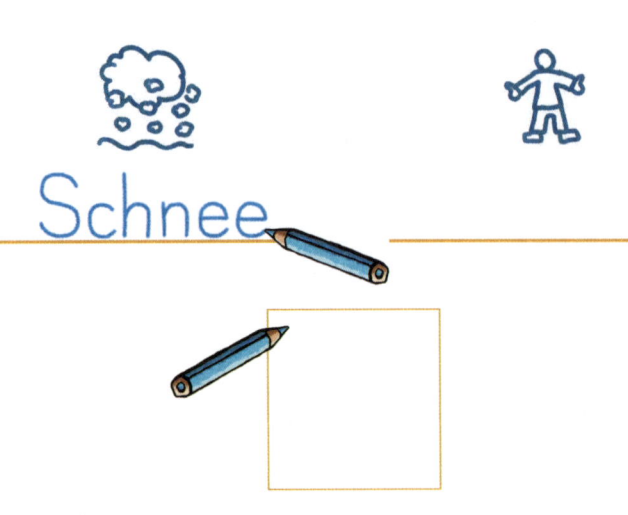

Schnee

Text lesen, Aufgaben lösen

ie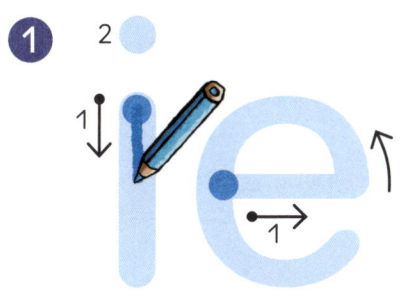

1 2

ie

lieben

nie

Tier

Brief

sieben

Wiese

sie

Biene fliegen

die

liegen Riese

2 ie

ie

3 Sieben liebe Riesen niesen.

Ob sie wieder Schnupfen kriegen?

ie

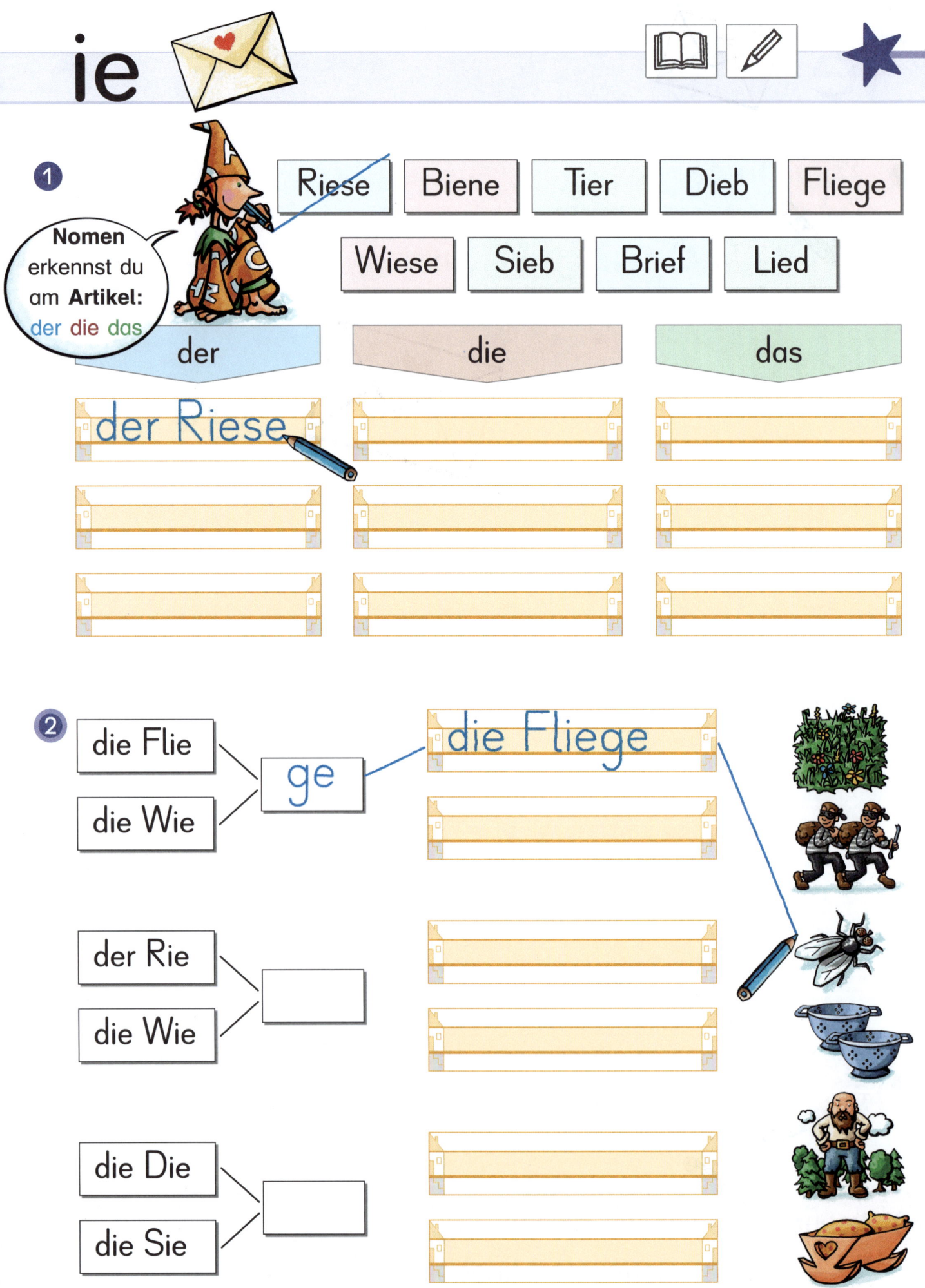

1

Nomen erkennst du am **Artikel:** der die das

| Riese | Biene | Tier | Dieb | Fliege |

| Wiese | Sieb | Brief | Lied |

der	die	das
der Riese		

2

| die Flie |
| die Wie | → ge → die Fliege |

| der Rie |
| die Wie | → |

| die Die |
| die Sie | → |

Nomen nach dem Artikel ordnen;
Silben verbinden

ie

1

| Wiese | Papier | ~~Tier~~ | Fliege | Knie |

Tier

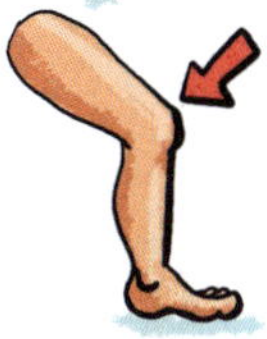

2

Bie

3

Mia holt Papier.

Sie schreibt einen Brief.

Am Dienstag ist er bei Oma.

Briefkasten

Lieber Tom! Es tut mir leid was ich gesagt habe. Paul

Liebe Lea, willst du neben mir sitzen? Lars

passende Wörter zuordnen und schreiben; Bildwörter verschriften;
Sätze abschreiben

ie

❶ Briefe

Liebe Oma,

wie geht es dir?
Mir geht es gut.
Wir haben bald
Ferien und fahren
in den Urlaub.

Deine Lisa

Liebe Tante Paula,

in Papas Bett waren gestern Ameisen.
Wir haben sie alle rausgeholt und
auf die Wiese getragen.

Dein Tim

Lieber Nasim,
wir haben gestern einen Hund
aus dem Tierheim geholt.
Sein Name ist Bepo.
Er ist sehr lieb.
Sein Fell ist braun.
Er hat ein rotes Halsband.

Deine Anne

Lisa Ammer
Erlenweg 6
71155 Altdorf

An
Else Ammer
Wassergasse 2
10179 Berlin

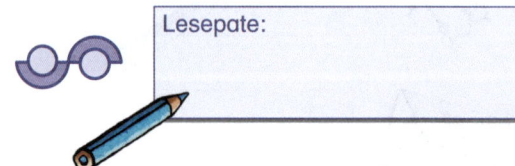

Lesepate:

❷ Wer will bald in den Urlaub?

Oma   Lisa   Anne

Wer hatte Ameisen im Bett?

Tims Papa   Tante Paula   Bepo

❸ Schreibe einen Brief.

An wen willst du schreiben?

 30

Z z

1 Z

zeigen

zehn

Zahn

Wurzel zwei

zart

Zeit z zu

Salz schwarz

Zahl

Ziege Pflanze

2
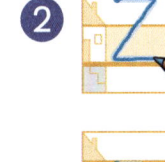

3 Zwischen zwei Zwetschgenzweigen
zwitschern zwei Zeisige.

Z z

1

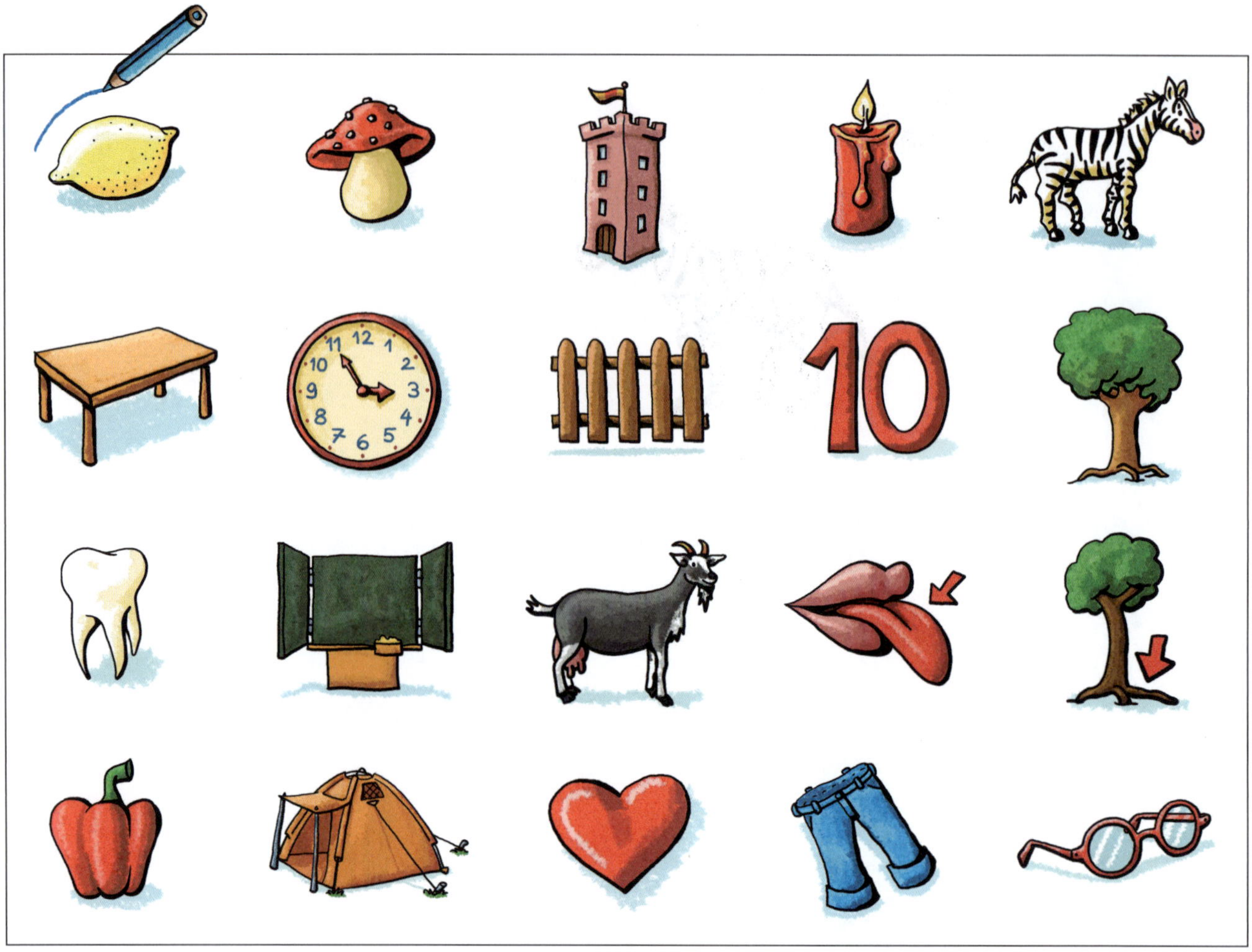

2

Wörter mit dem Z/z-Laut einkreisen;
Stellung des Z/z-Lautes abhören (Anlaut, Inlaut, Auslaut)

Z z

In allen Silben gibt es immer einen Silbenkern: **a**, **e**, **i**, **o**, **u**, **ei** oder **au**!

1

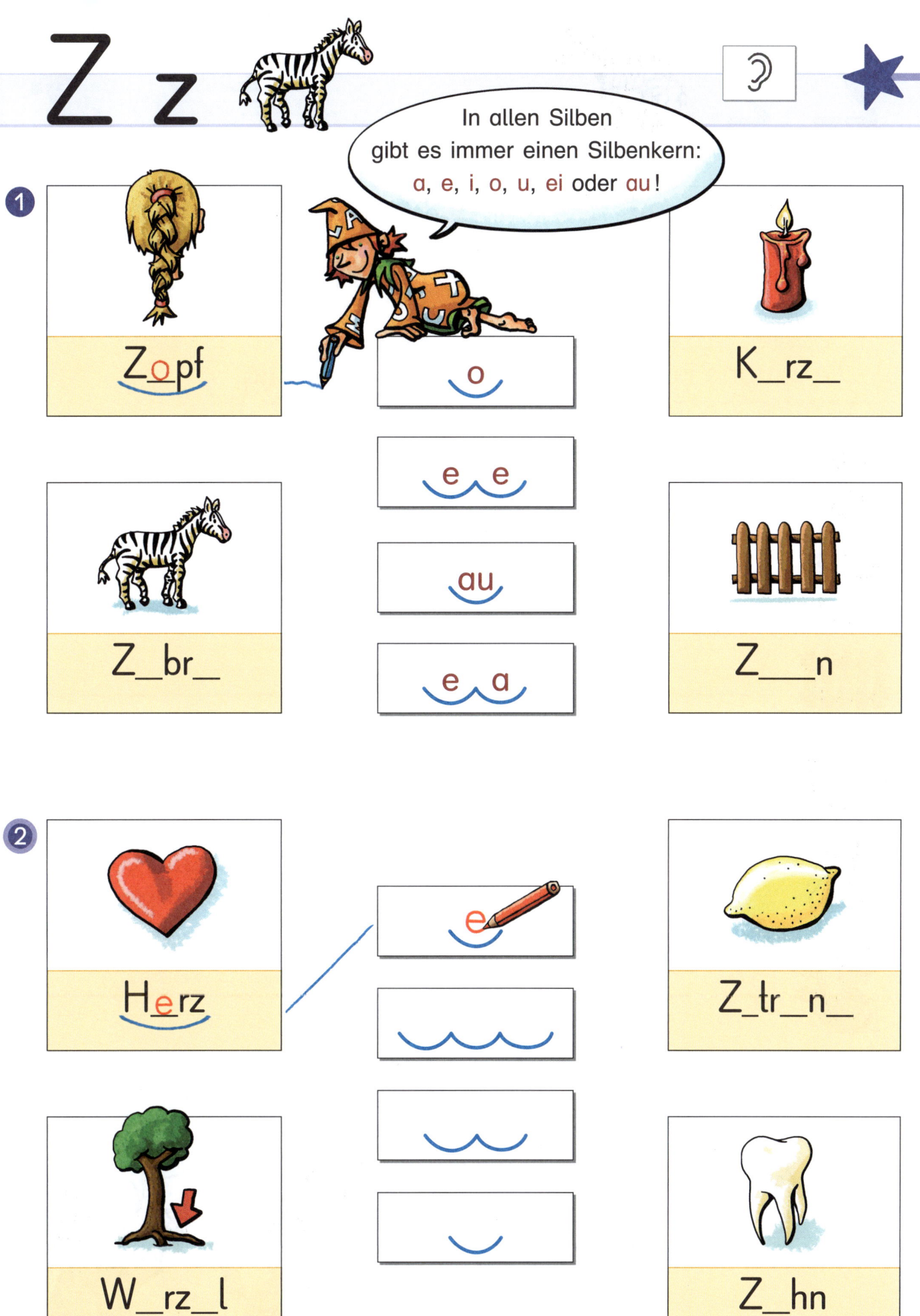

Z**o**pf

o

K__rz__

e e

Z__br__

au

Z___n

2

H**e**rz

e

Z_tr__n__

W__rz__l

Z__hn

Vokale eintragen;
Silbenbögen einzeichnen, mit den passenden Silbenbögen verbinden

33

Z z

1

Die Kerze brennt.   Der Arzt ist nett.

Der Zaun ist braun.   Der Zauberer zaubert.

Die Zitrone ist sauer.   Der Pilz ist giftig.

Die Kerze

2

Der Zauberer zaubert.
Er zeigt auf seinen Hut.
Zwei Hasen kommen heraus.

Eins, zwei, drei, alles Zauberei!

Hokuspokus, Simsalabim!

34

passende Sätze zuordnen;
Sätze abschreiben

Z z

1 **Beim Zahnarzt**

Anne muss | zum Zahnarzt | | zum Tanz | .

Ein | Hahn | | Zahn | ist lose.

Annes | Herd | | Herz | klopft.

Der Zahnarzt | liebt | | zieht | den Zahn.

Dann | zeigt | | zaubert | er ihr den Zahn.

Warst du schon mal beim Zahnarzt?

2

Sätze passend ergänzen;
eigene Wörter/Sätze zum Bild schreiben

1

Zwiebel	Kerze	Zitrone	Ziege

eine	mehrere
eine Zwiebel	zwei Zwiebeln

2

Pilz	Zwerg	Zelt	Zweig

ein	mehrere
ein Pilz	drei Pilze

Immer nur eins!

Immer mehrere!

Einzahl	Mehrzahl
ein Tisch	drei Tische
ein Zwerg	zwei Zwerge
eine Kerze	zehn Kerzen

Wörter passend zuordnen, Mehrzahl bilden

Z z

1

1	ein schwarzer Kater	4	ein gelber Zahn
2	eine bunte Kugel	5	ein blauer Hut
3	ein brauner Kessel	6	eine rote Kerze

2

eine bunte

Ziffern zuordnen, Bild mit den passenden Farben anmalen;
Wortgruppen schreiben

Z z

1 | kratzen | Satz | putzen | Schatz | Platz | Netz |

putzen

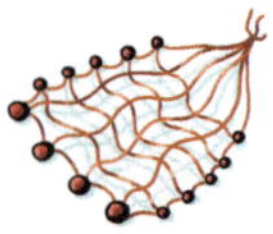

Das ist ein Satz.

2 B

3

Die Katze will		platzen.
Fenster muss man		sitzen.
Tim will neben Lisa		kratzen.
Ein Reifen kann		putzen.

Alles mit tz!

Die

passende Wörter zuordnen und Bildwörter verschriften;
passende Satzteile verbinden, Sätze abschreiben

Z z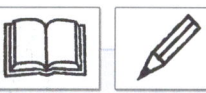

1 Was ist das?

Sie ist gelb und sauer.

Man kann sie auspressen.

Es ist eine Zitrone.

Er hat Wurzeln, ist aber keine Pflanze.

Er ist in deinem Mund.

Er ist sehr hell.

Du kannst ihn bei einem Gewitter sehen.

Sie ist ein kleines Raubtier.

Sie lebt oft bei Menschen.

Er hat ein Bein und einen Hut.

Man findet ihn oft im Wald.

Du kannst im Freien darin schlafen.

Ein Zirkus benutzt es oft als Haus.

Blitz

Zitrone

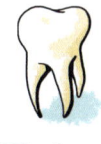
Zahn

Zelt

Katze

Pilz

Z z

1 **Witzige Witze**

Fragt der Lehrer: „Kannst du mir drei Tiere nennen, die in Afrika leben?"

Antwortet Hanna: „Zwei Zebras und ein Elefant."

Fritz ist beim Arzt.

Arzt: „Na, wie alt bist du?"

Fritz: „Zehn!"

Arzt: „Und was willst du mal werden?"

Fritz: „Elf!"

Die kleine Anna ist mit ihrem Papa im Zirkus. Gerade tritt ein Zebra auf.

Anna sagt aufgeregt: „Sieh mal, Papa! Der Esel hat einen lustigen Schlafanzug an!"

Trifft ein Floh einen anderen Floh. Beide wollen zum Bahnhof.

Sagt der eine: „Sollen wir laufen oder nehmen wir einen Hund?"

Was ist dein Lieblingswitz?

Das ist mein Lieblingswitz …

Lesepate:

Witze lesen und vortragen

Eu eu

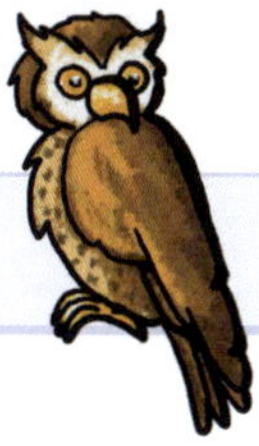

heulen · Euro · Leute · Heu · freuen · neu · teuer · Eule · heute · Freund

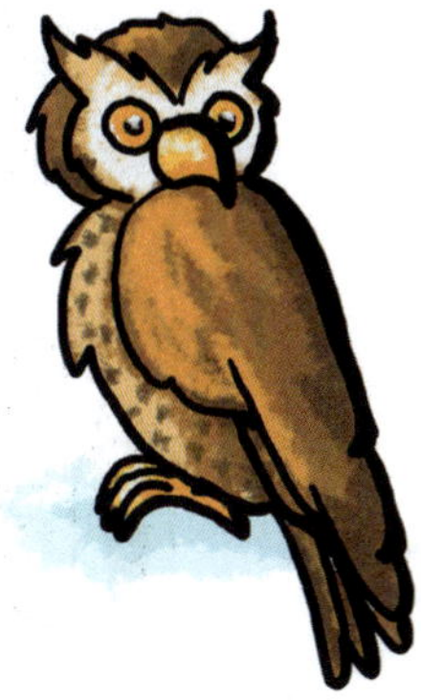

1 Eu eu

2

3 Neun Eulen heulen heute in der Scheune.

Eu eu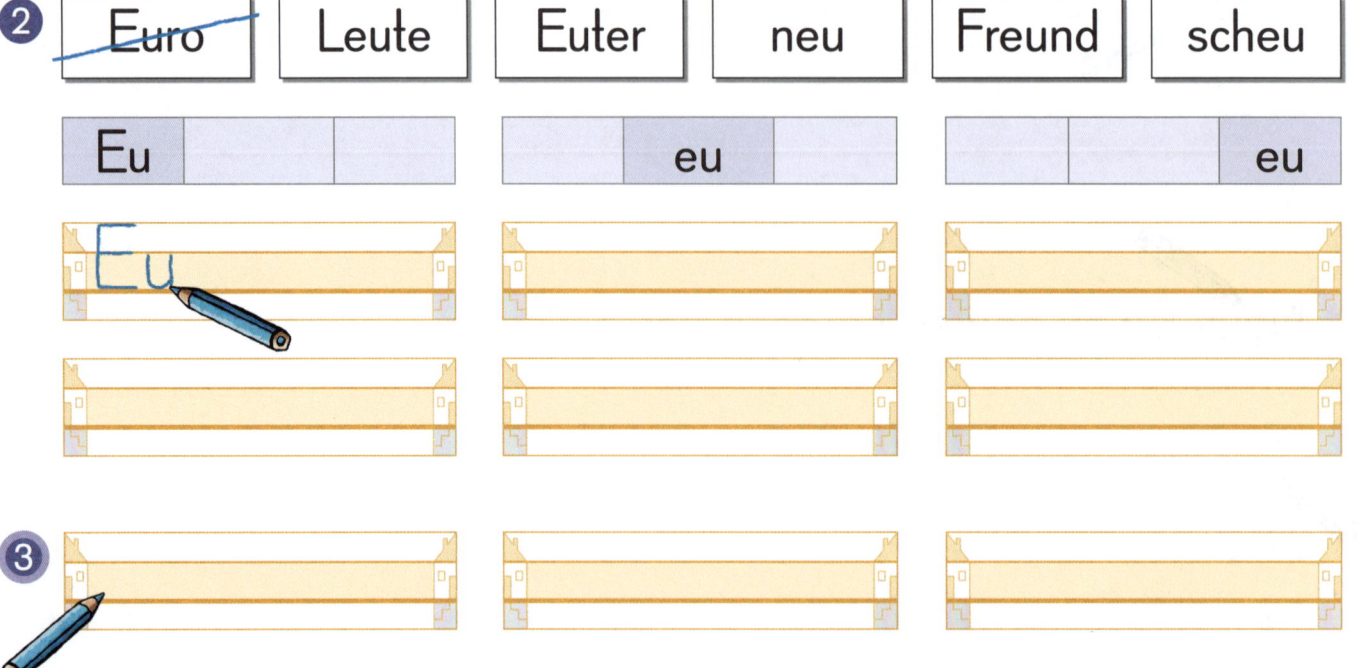

1

2 | Euro | Leute | Euter | neu | Freund | scheu |

| Eu | | | | eu | | | | eu |

| Eu | | | | | | | | |

3

Wörter mit dem Eu/eu-Laut einkreisen; Wörter nach der Stellung des Eu/eu-Lautes sortieren (Anlaut, Inlaut, Auslaut), eigene Wörter finden und sortieren

Eu eu

1

neu

eu

Euro	Scheunentor

Feuerholz	Freund	heute

Heu	Eule	Heuschnupfen

Leute	Eulennest	scheu

2

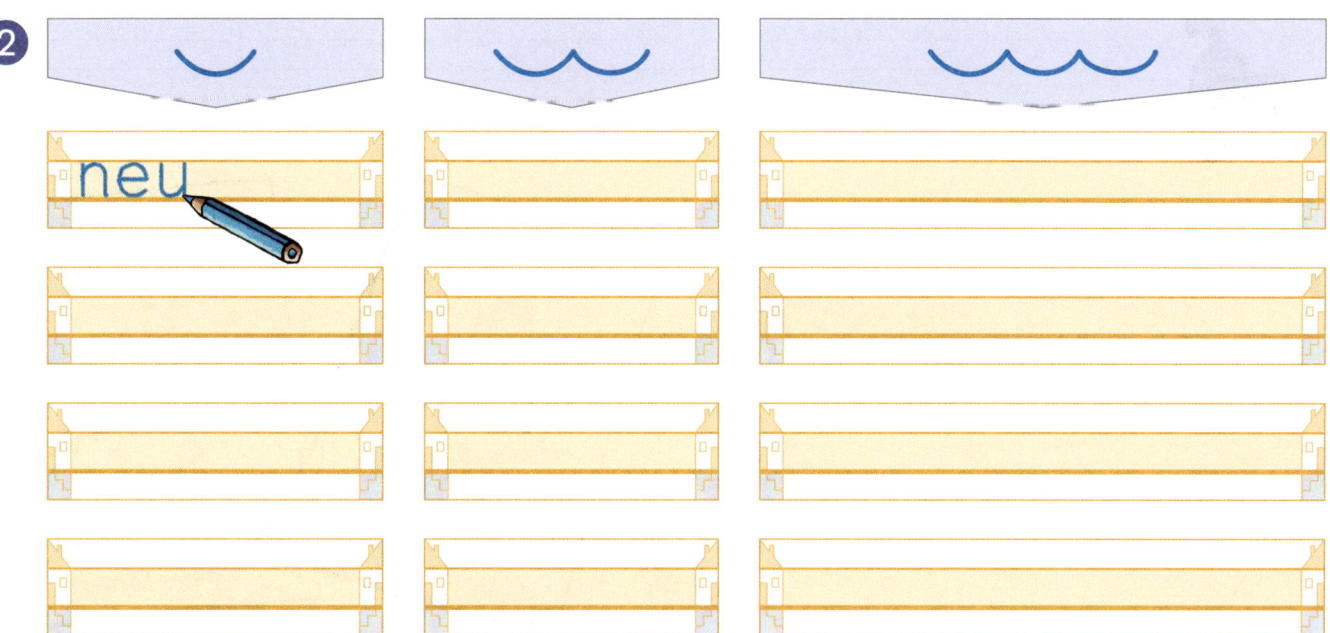

neu

Silbenbögen mit Vokalen einzeichnen;
Wörter nach der Anzahl der Silben ordnen

Eu eu

1

| Lisa hat eine Beule. | Tim heult laut. |

| Das sind neun Euro. | Im Ofen brennt Feuer. |

| Das Flugzeug landet. | Lisa mag ihre Freundin. |

Lisa

2

Lisa hat eine neue Freundin.
Sie ist neun.
Heute darf sie bei ihr schlafen.

Mein Freund
lacht immer
nett
klug
kann gut Gitarre spielen

Meine Freundin
mutig
lieb
witzig
kann sehr schnell rennen

passende Sätze zuordnen;
Sätze abschreiben

Eu eu

1

laut	bleiben	heute	neu	blau

nein	leise	kaufen	neun

au	ei	eu
laut		

2 **au**, **ei** oder **eu**?

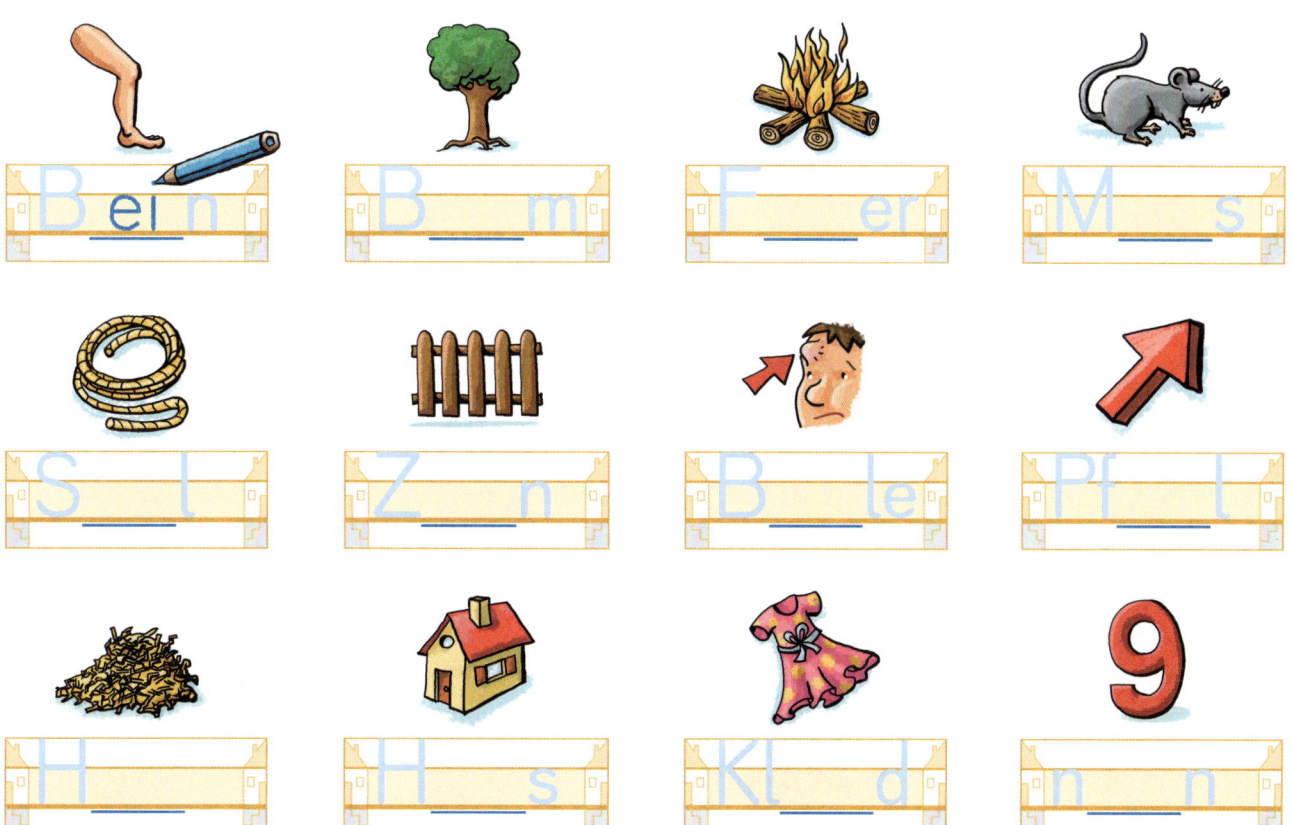

B ei n   B __ m   F __ er   M __ s

S __ l   Z __ n   B __ le   Pf __ l

H __ __   H __ s   Kl __ d   n __ n

Eu eu

1

2

☐1 Der Beutel kippt um.

Neun gelbe Murmeln fallen heraus.

☐2 Die Eule ist braun.

Hinter ihr kann man den Mond sehen.

☐3 Nils hat einen Unfall.

Er muss heulen.

☐4 Neben der Scheune liegt Heu.

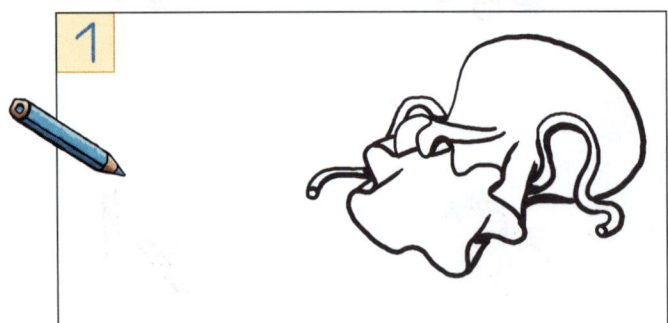

Bildwörter verschriften;
Sätze zuordnen, Bilder vervollständigen

Eu eu

1 **Feuer!**

| Scheune | neue | Feuerwehr | ~~Feuer~~ |

Bei uns gab es gestern ein _____ .

Ein Blitz schlug in die _____ ein.

Schnell musste die _____ kommen.

Nun muss eine _____ Scheune gebaut werden.

2 Was gab es gestern?

_____

Warum brannte die Scheune?

_____

Wer musste schnell kommen?

_____

Sätze passend ergänzen;
Fragen zum Text beantworten

Eu eu

1 Die Feuerwehr

Die Feuerwehr kommt,

wenn Menschen oder Tiere in Not sind.

Man kann sie anrufen,

wenn es brennt,

wenn ein Unfall passiert ist oder

wenn Tiere gerettet werden sollen.

2

Du darfst die Feuerwehr rufen, wenn:

- du ein Feuer siehst,
- du kein Pausenbrot hast,
- eine Katze in Not ist,
- du telefonieren willst,
- du einen Unfall siehst.

3 Der Notruf der Feuerwehr ist 112.

Das muss die Feuerwehr wissen:

Wer ruft an?

Was ist passiert?

Wo ist es passiert?

Wem ist etwas passiert?

Dann wartet man am Telefon

auf Fragen.

Hallo! Mein Name ist …

Guten Tag, hier ist die Feuerwehr.

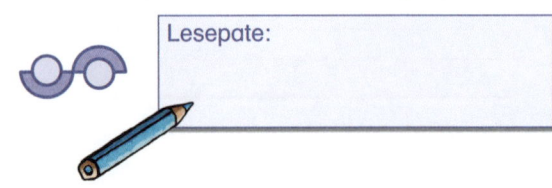
Lesepate:

Text lesen; richtige Antwort ankreuzen;
einen Notruf bei der Feuerwehr üben

Ch ch

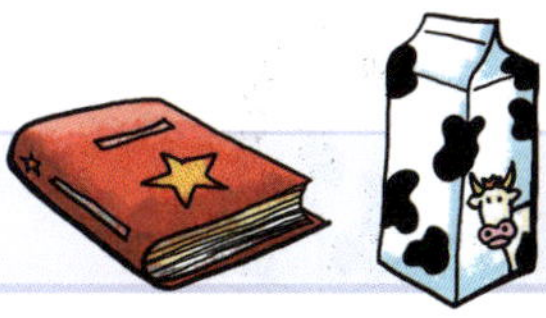

1 Ch

Buch China

Milch

hoch

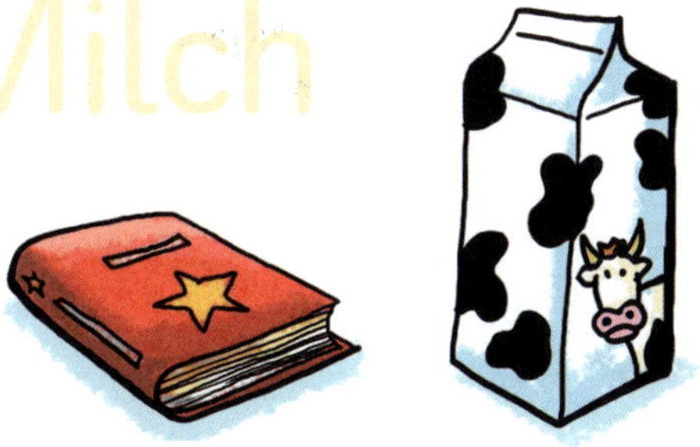

acht

rechnen nicht

lachen ch ich

2

3 Micha kichert und lacht.
Er macht auch gern Krach.

Ch/ch nachspuren; Ch/ch schreiben;
ch in den Sätzen einkreisen, Sätze abschreiben

Ch ch

1 **Ch** wie in **Chor** oder **ch** wie in Bu**ch** ?

Achtung:
Beginnt ein Wort mit **Ch**,
sagen wir oft K !

brau**ch**en **Ch**or Woche acht **Ch**iara
nach **Ch**ristbaum hoch **Ch**aos Dach

2 **ch** wie in Bu**ch** oder **ch** wie in Mil**ch** ?

Be**ch**er ma**ch**en ich Bauch Licht
suchen leicht rechnen dich lachen

3

Bauch	Dach	lachen	riechen
Krach	Rauch	kriechen	tauchen
Buch	Tuch	brauchen	machen

Knochen	Loch	sich	dicht
Bach	Wochen	nicht	noch
Koch	Dach	doch	mich

Lautqualitäten des Ch/ch-Lautes unterscheiden;
Reime verbinden

Ch ch

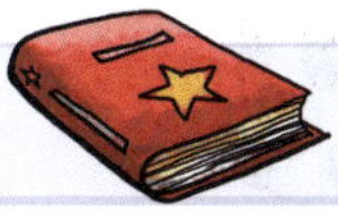

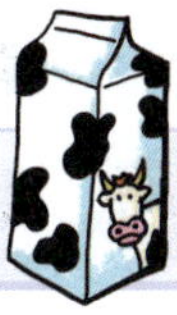

1

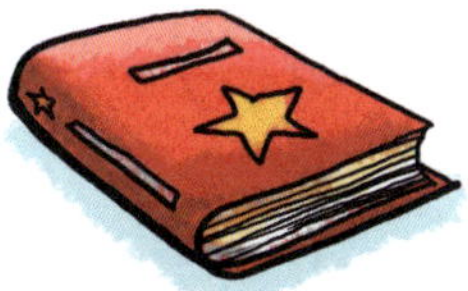

B<u>u</u>ch

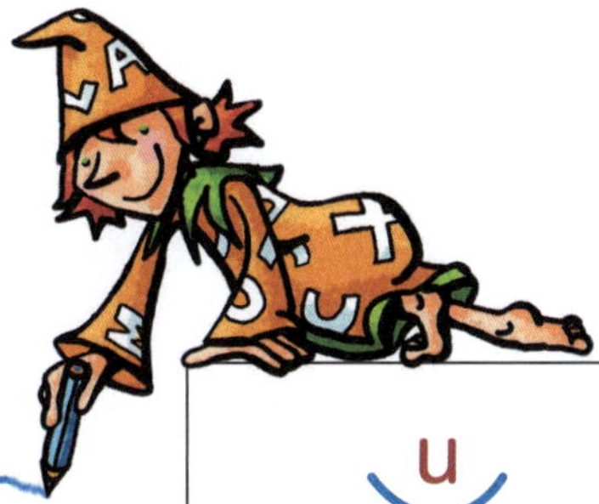

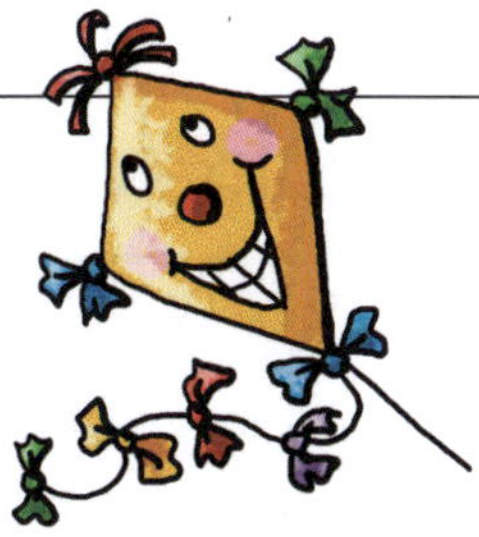

K_ch_n

| u |
| a e |
| e e |
| u e |

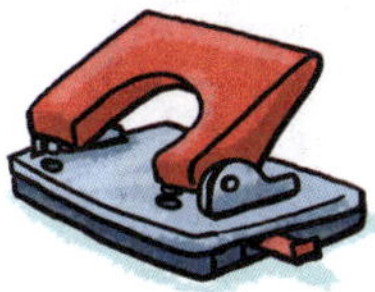

Dr__ch__n

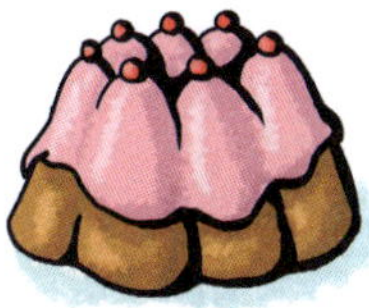

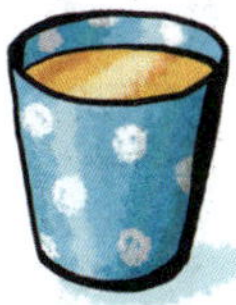

B__ch__r

2

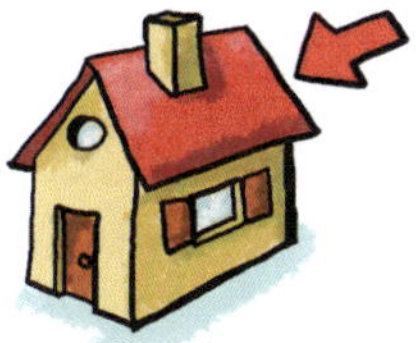

D<u>a</u>ch

M_lch

| a |
| |
| |
| |

L__ch__r

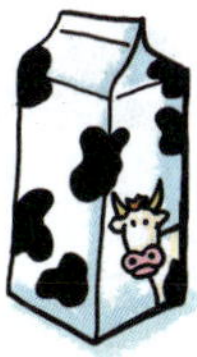

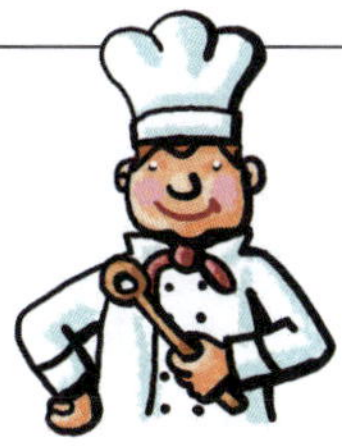

K__ch

Ch ch

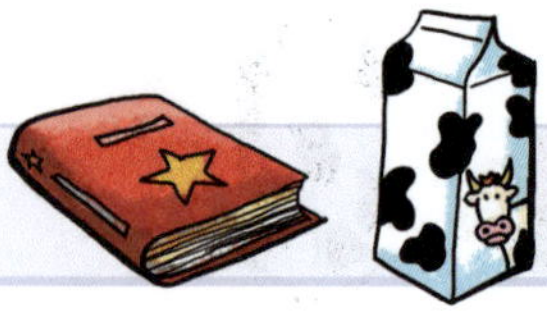

1 Lisa lacht laut.   Chiara liest ein Buch.

Mama schnarcht.   Opa kocht Suppe.

Im Becher ist Saft.   Tim macht Krach.

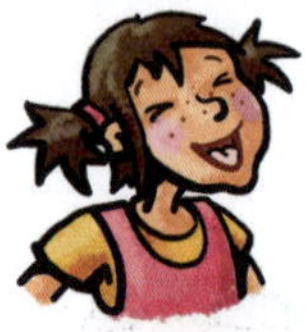

Lisa

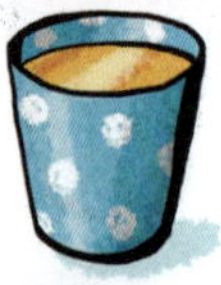

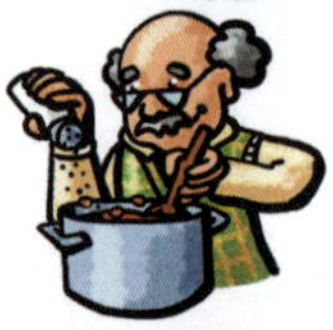

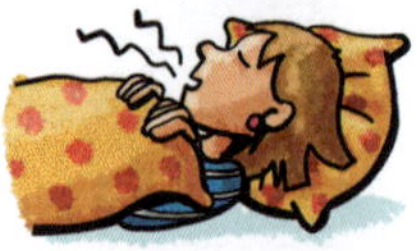

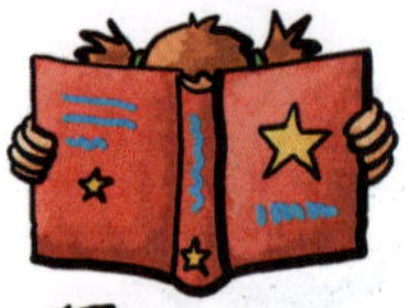

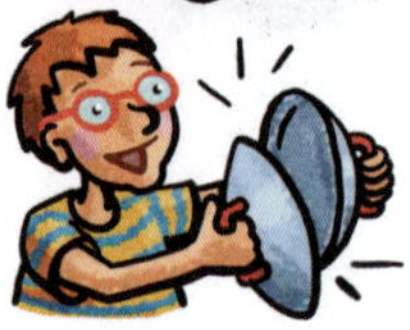

2

Nils und Anne lesen ein Buch.
Sie lachen und kichern.
Es ist ein Buch mit Witzen.

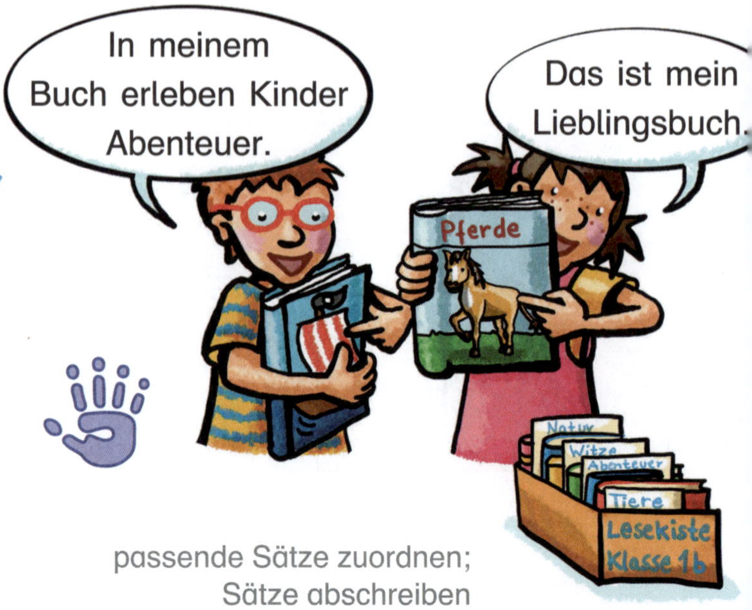

In meinem Buch erleben Kinder Abenteuer.

Das ist mein Lieblingsbuch.

    passende Sätze zuordnen;
Sätze abschreiben

Ch ch

① In der Nacht

☐

Mama und Papa wachen auf.

Sie kommen in den Flur.

Mama fragt:

„Was ist los, Mia?"

Mitten in der Nacht

wacht Mia auf.

War da etwas? Mia horcht.

Was ist los, Mia?

☐

Leise schleicht Mia in den Flur.

Ist dahinten nicht ein Monster?

Mia schreit laut auf.

☐

Papa knipst das Licht an.

Nun ist das Monster weg.

Es war nur der Kater.

Sätze passend zur Bildergeschichte nummerieren 53

Ch ch

1 Was wir in der Schule machen

manchmal zusammen	manchmal alleine
 wir lesen	ich lese
 wir rechnen	
 wir lachen	
 wir schreiben	
 wir zeichnen	
 wir rennen	

2 Richtig oder falsch?

	richtig	falsch
Ich lerne gerne Gedichte.	◯	◯
Ich mache nie Unsinn.	◯	◯
Ich schnarche nachts.	◯	◯
Ich rechne gerne.	◯	◯
Ich kann hundert Meter tief tauchen.	◯	◯
Ich kann gut zeichnen.	◯	◯

Ich lache gern.

passende Verbform bilden;
richtig oder falsch ankreuzen

Ch ch

① **Das bin ich**

Name: *Lisa*

Alter: *7*

Augenfarbe: *braun*

Haarfarbe: *braun*

Geburtstag: *23. April*

Das mache ich gerne: *Fahrrad fahren, rechnen, lachen*

Diese Tiere mag ich: *Katzen und Kaninchen*

Das mag ich nicht: *Husten haben, petzen, Krach*

Meine Freunde sind: *Tim, Lea, Ali und Anne*

② **Das bin ich**

Name: _____

Alter: _____

Augenfarbe: _____

Haarfarbe: _____

Geburtstag: _____

Das mache ich gerne: _____

Diese Tiere mag ich: _____

Das mag ich nicht: _____

Meine Freunde sind: _____

Steckbrief lesen;
eigenen Steckbrief schreiben

Ch ch

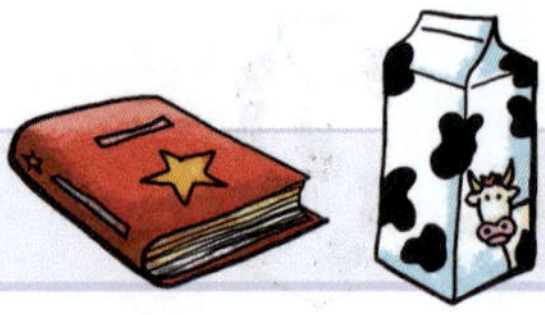

1 Anders als du

Ich bin anders als
du bist anders als
er ist anders als sie!

Sie ist anders als
er ist anders als
du bist anders als ich!

Wir, wir, wir sind anders als
ihr, ihr, ihr seid anders als wir.
Na und?
Das macht das Leben eben bunt!

Robert Metcalf

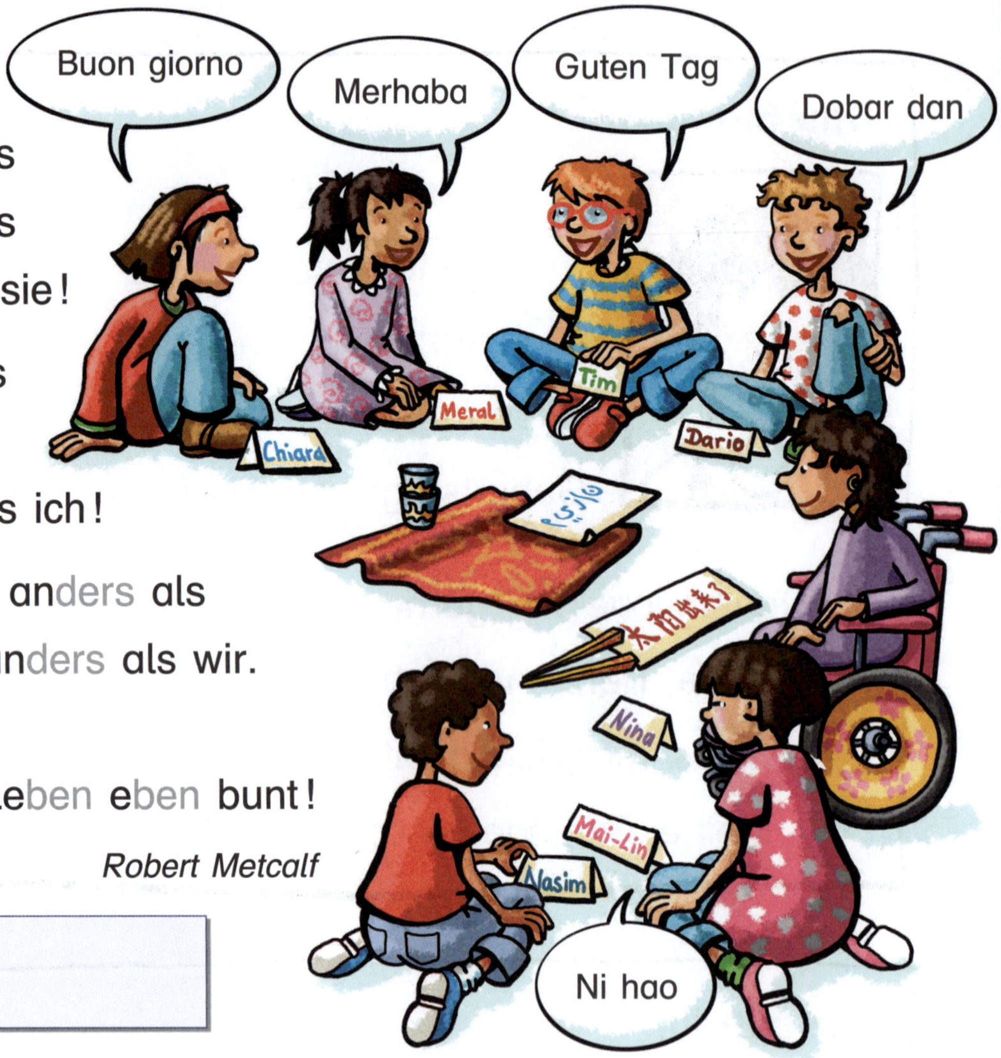

Buon giorno

Merhaba

Guten Tag

Dobar dan

Ni hao

Lesepate:

2 Aus welchem Land kommen eure Familien?
Tausche dich mit einem Partnerkind aus.

Ich:

Mein Nachbarkind:

Kinder aus meiner Klasse:

Liedtext lesen, Lied ggf. gemeinsam singen (s. Handreichung);
aufschreiben, aus welchen Ländern die Familien der Kinder kommen